관점전환 인생행복

재테크 코칭
GRO-ACT

재테크 코칭 GRO-ACT

발행일   2017년 7월 21일

지은이   이 미 연
펴낸이   손 형 국
펴낸곳   (주)북랩
편집인   선일영   편집   이종무, 권혁신, 송재병, 최예은, 이소현
디자인   이현수, 김민하, 이정아, 한수희   제작   박기성, 황동현, 구성우
마케팅   김회란, 박진관, 김한결
출판등록   2004. 12. 1(제2012-000051호.)
주소   서울시 금천구 가산디지털 1로 168, 우림라이온스밸리 B동 B113, 114호
홈페이지   www.book.co.kr
전화번호   (02)2026-5777   팩스   (02)2026-5747

ISBN   979-11-5987-692-9 03320 (종이책)   979-11-5987-693-6 05320 (전자책)

(주)북랩 성공출판의 파트너
북랩 홈페이지와 패밀리 사이트에서 다양한 출판 솔루션을 만나 보세요!
홈페이지 book.co.kr • 블로그 blog.naver.com/essaybook • 원고모집 book@book.co.kr

인생을 성공으로 이끄는 역발상 재테크의 기술

관점전환 인생행복

재테크 코칭
GRO-ACT

이미연 지음

북랩 book Lab

관점전환으로 행복해지자!

세상의 모든 사람들이 가장 공통적으로 바라는 것은 행복해지는 것이다. 그렇다면 우리는 행복을 위해서 어떤 노력을 하고 있을까? 많은 사람이 행복을 간절히 바라는 만큼 행복해지기 위해 생각이나 행동을 바꾸지는 않고 있다. 현재의 생각과 행동을 유지하면 현재의 행복 수준에 머물 수밖에 없다. 더 나은 행복을 위해서는 변화가 필요하다. 어떤 변화가 필요할까?

관점전환이 필요하다. 자신이 가지지 못한 부족한 점과 단점에 관점을 두고 살아가면 힘도 없고, 자신감도 생기지 않는다. 가능하면 자신이 가진 장점과 가진 것들에 관점을 두면 생기도 돋고, 행복감도 밀려온다. 이런 행복감이 좋은 행동을 하게 하고, 좋은 행동은 좋은 결과를 가져와 더욱 행복해지게 되는 선순환 과정이 된다.

한국사회는 선진 사회보다 부를 축적한 사람에 대한 부정적인 시각이 많다. 부자들이 좋은 생각으로 열심히 일해서 돈을 벌었다기보다는 무언가 모를 부정적인 방법들로 재산을 축적했다고 지레짐작하며, 그들을 불신하는 문화가 우세한 것 같다. 나도 종교적인 영향으로 부자는 하늘나라에 들어가기 어렵다는 관점으로 젊은 시절을 보내면서 돈을 좋아하지 않았다. 애인을 얻는 좋은 방법은 그 누구보다도 더 상대방을 좋아하는 것이다. 돈도 마찬가지다. 돈도 돈을 사랑하는 사람에게 다가온다. 돈을 미워하면 돈이 멀리 도망가게 된다. 어느 순간 이러한 이치를 깨닫고 난 뒤에는 돈은 생존을 위해, 그리고 풍요로운 삶을 위해 필요한 수단이라는 관점으로 돈을 대하기 시작했고, 그 후 돈이 내 주위로 다가오기 시작했다.

사람을 보는 관점도 중요하다. 성선설로 보느냐, 성악설로 보느냐에 따라 행복의 차이가 엄청나다. 초창기 산업사회에서는 인간은 태생적으로 게으르고, 일하기 싫어하기에 철저한 관리가 필요하다는 인간관이 우세하여 수많은 관리 지침으로 인간을 통제하는 문화가 우세하였다. 하지만 이런 통제 문화 속에서는 좋은 성과가 나오지 않았다. 그러자 인간은 자신의 잠재력을 발휘하고 싶은 내재 동기가 강하기에 믿고 격려하면 더 좋은 성과가 나온다는 인간관이 대두하여 좋은 성과로 연결되고, 구성원들의 행복감도 향상되었다.

코칭에서도 제일 중요한 변화의 단초는 관점의 전환이다. 새로운 관점으로 자신의 이슈를 살펴보면 새로운 의식성장이 이루어져 진정으로 자신이 원하는 것을 얻게 된다. 본서에서는 GRO-ACT 코칭 모델을 인간의 가장 기본적 욕구인 생존욕구에 필요한 재테크 분야의 사례를 중심으로 설명하였다. 이 밖에도 비즈니스, 건강, 성공 등 중요 이슈에도 적용하여 〈부록 1〉을 참고하면서, 〈부록 2〉에 수록된 워크북에 스스로 적으며 셀프 코칭을 하면 관점인식 및 전환이 가능해져 새롭게 자신이 원하는 답을 얻게 될 것이다. 자주 셀프 코칭을 해서 잠재능력을 찾아 깨우고, 활용하여 자신이 원하는 최상의 결과를 얻기를 소망해 본다.

2017년 7월
이미연

:: **차례** ::

PART 1

코칭의 매력

코칭의 역사

코치의 어원은 15세기경 최초로 네 마리의 말이 끄는 마차가 발명된 헝가리의 '코치(Kocs)'라는 지명에서 유래했다. 이곳에서는 마차를 '콕시(kocsi)' 또는 '콕지(kotdzi)'라고 불렀다. 이것이 점점 유럽 전역으로 퍼져나가 영국에서는 이 마차를 '코치(coach)'라고 불렀고, 지금도 영국에서는 택시를 '코치'라고 부르기도 한다. 이처럼 마차의 일종인 코치는 고객을 출발지로부터 그가 원하는 위치까지 이동시켜 주는 운송수단의 기능을 수행했다.

마차로부터 시작된 코치라는 개념은 1880년경부터 스포츠에 적용되어 운동선수를 지도하는 사람을 코치라 부르게 되었고, 코치는 스포츠에서 매우 중요한 역할을 하는 사람으로 인식되기 시작했다. 스포츠에서 코칭은 선수와 팀의 경기력 향상과 최고의 경기력 발휘를 목표로 이루어진다. 선수와 팀의 경기력을 최고의 수준으로 높이지 않고서는 경기에서 좋은 성적을 거둘 수 없기 때문에 최고 수준의 경기력을 발휘하기 위해 코치와 선수는 온갖 노력을 다한다. 그래서 스포츠에서는 코치가 주체가 되어 선수들에게 운동에 필요한 체력, 기술 등을 지도하면서 인격의 상호 교류를 갖는 가르침을 코칭이라고 말하거나 선수가 운동을 하는 데 관련된 지식이나 체력, 기술, 태도, 철학 등을 효과적으로 습득할 수 있도록 코치가 해야 할 총체적인 행위를 코칭이라고 보고 있다(이희경, 2005; 김환영, 2006).

스포츠 분야의 코칭에 대해서는 골웨이(Gallwey, T.)의 연구가 두드러진다. 하버드대학교의 교육학자이자 테니스 전문가인 그는 코치가 내적 장애물을 제거하거나 심적 부담을 줄이는 데 도움을 줄 수 있다면 선수는 코치의 기술지도 없이도 천부적인 능력을 발휘할 것이라고 주장하면서 코칭의 중요성을 역설하고 있다. 그는 거의 모든 상황에서 쉽게 적용할 수 있는 단순하지만, 포괄적인 코칭 방법을 최초로 보여 주었고, 그의 초기 저서들은 스포츠와 비즈니스 업계에서 종종 마주치게 되는 문제들을 해결하는 실마리를 제공해 주었다(Whitmore, 2002).

1) 코칭의 정착과 확산

스포츠 분야에서 광범위하게 시작되었던 코치가 직업의 한 형태로서 자리 잡기 시작한 것은 1980년대 초반 미국의 토마스 레너드(Thomas J. Leonard)라는 재무 플래너로부터 시작되었다. 현대 코칭의 아버지라고 불리는 그는 1980년대 재무 컨설팅을 하면서 고객들의 재무 관리뿐만 아니라 비즈니스에 관한 고민 사항 및 노후 대책에 이르기까지 폭넓은 대화를 나누며, 고객이 무엇을 선택할지 망설이고 있을 때 올바른 결정을 하도록 도와주고, 때론 진정한 파트너가 되기도 하였다. 한 고객이 레너드와 자신의 관계를 운동선수와 코치의 관계에 비유하면서 레너드의 활동을 코칭이라고 부르기 시작했다. 그후 그는 코칭 전문 교육기관인 '코치 유(Coach U)'와 1994년 '국제코칭연맹(ICF)'을 설립하였다.

이처럼 1980년대 후반부터 미국에서 성행하기 시작한 코칭은 캐나다, 호주와 유럽으로 전파되기 시작했고, 아시아 지역의 일본, 중국, 홍콩, 싱가포르 등으로 점차 확산되었다.

2) 한국의 코칭

한국에는 주로 2000년대 초반에 코칭 개념이 도입되어 오늘날 서서히 리더십과 인재육성, 개인의 경력, 인생 전반에 걸친 코칭으로 발전해 가고 있다. 2003년에는 한국코치협회가 설립되었고, 2004년부터는 '대한민국 코치대회'가 해마다 열리고 있다. 2006년에 이르러 한국코치협회가 사단법인 인가를 받음으로써 그 활동에 더욱 박차를 가하고 있는 상황이다.

코칭의 정의

코칭을 잘 이해하고, 효과적으로 적용하려면 먼저 코칭의 정의에 대해 명확하게 알고 있어야 한다. 하지만 코칭이 다양한 분야에 활용되는 것과 비례하여 학자들과 코치를 훈련시키는 개인 코치훈련가나 코치 양성 기관들마다 코칭에 대한 다양한 정의들을 내놓고 있다.

코칭에 관한 학자들의 개념을 정리하면 다음 〈표〉와 같다.

〈표〉 코칭의 정의

학자	코칭에 대한 정의
Fournies (1978)	부하가 바람직하지 못한 행동을 멈추고 바람직한 행동을 하도록 하기 위해 관리자와 부하 간에 행해지는 대면 대화
Peters (1985)	각 개인들을 서로 하나로 묶어 그들로 하여금 책임감을 강화하고, 지속적으로 성과를 내도록 하는 것
Kinlaw (1989)	예측할 수 있는 과정을 수행함으로써 탁월한 성과를 이끌어내고, 지속적으로 개선하기 위한 몰입, 긍정적인 관계를 갖도록 하는 관리자와 종업원 간의 대화

Evered 외 (1990)	헌신적인 파트너십이 있는 환경하에서 생기는 코치와 선수 간의 커뮤니케이션 관계
Hellervick 외 (1992)	관리자와 전문가들이 의미 있는 작업 행동상의 변화를 성취하는 데 부족한 기술을 익히는 것을 돕는 것
Waldrop 외 (1996)	실패할 우려가 있는 관리자의 행동이 변화되도록 돕는 것
Olisen (1996)	문제를 가지고 있는 임원들이 그 문제를 해결하도록 돕는 것
Gallwey (2002)	성과를 극대화하기 위해 묶여 있는 개인의 잠재능력을 풀어주는 것이고 사람들이 코치의 가르침에만 의존하지 않고 스스로 배우도록 도와주는 것
Whitmore (2002)	업무나 문제의 내용과 관계없이 다른 사람들의 자신감 형성을 중요한 기본 목표로 하는 개입 행위
Collins (2004)	한 개인이나 그룹을 현재 있는 지점에서 그들이 바라는 더 유능하고 만족스러운 지점까지 나아가도록 인도하는 기술이자 행위
에노모토 히데타케 (2004)	개인(부하)의 자아실현을 지원하는 시스템
Hargrove (2006)	개인과 조직 그리고 그들의 세계를 변화시킬 수 있는 사람들의 능력을 확장시키고, 사람들의 비전과 가치에 영향을 주며, 그들이 달성해야 하는 것을 성취할 수 있도록 존재, 사고, 행동을 재창조하는 데 있어 강력한 지원을 제공하는 강력한 파트너십

Werner 외 (2006)	저조한 성과를 내는 부하들로 하여금 자신들의 문제들을 직면하게 하고, 그들의 문제를 다루며, 그들이 더 이상 저조한 성과를 내지 않도록 효과적으로 돕는 데 전념하는 감독자와 종업원 간의 파트너십
McDer-mott 외 (2007)	사람들의 관심사나 재능, 환경 그리고 잠재력에 관련해 더 효율적으로 스스로 주도하고 관리하는 방법을 배우도록 지원하는 상호적이면서도 집중적인 훈련방식

출처: 조성진(2009), pp. 18~19, 재인용.

국제코치연맹(International Coach Federation; ICF)은 코칭을 '고객의 개인적, 전문적 가능성을 극대화시키기 위해 영감을 불어넣고, 사고를 자극하는 창의적인 프로세스 안에서 고객과 파트너 관계를 맺는 것'으로 정의하고 있으며, 미국의 세계 최대 글로벌 코치 양성 전문기관인 CCU(Corporate Coach University)에서는 코칭을 '코치와 발전하려고 하는 의지가 있는 개인이 잠재능력을 최대한 개발하고, 발견 프로세스를 통해 목표설정, 전략적인 행동, 그리고 매우 뛰어난 결과의 성취를 가능하게 해주는 강력하면서도 협력적인 관계'라고 정의하고 있다. (사)한국코치협회는 '개인과 조직의 잠재력을 극대화하여 최상의 가치를 실현할 수 있도록 돕는 수평적 파트너십'으로 정의한다.

1) 코칭의 핵심요소

다양한 코칭에 대한 정의를 통해 코칭의 핵심요소를 살펴보면 다음과 같다. 최치영(2004)은 코칭을 구성하고 있는 기본요인들로 방향제시(direction), 개발(development), 수행평가(account-ability), 관계(relationship)를 제시하고 있다. 그리고 이소희(2008)는 코칭의 정의를 구성하는 핵심요소로 개인, 조직, 잠재력, 지지, 계발, 목표, 성과(결과), 자아실현, 대화기술, 협력, 파트너십, 리더십, 시스템, 커뮤니케이션 등을 제시하고 있다.

이들에 비해 조성진(2008)은 코칭의 핵심요소로 다음 세 가지를 강조하고 있다. 첫째, 코칭은 쌍방향 커뮤니케이션(two-way communication)을 지향한다. 즉, 코칭은 단순한 대화가 아닌 코치와 코칭고객이 상호 작용하는(interactive) 쌍방향 커뮤니케이션 활동이다. 둘째, 코칭은 코칭고객의 성장과 발전(development)을 지향하는 프로세스(process)이다. 즉, 코칭은 코칭고객이 단순한 문제 해결 차원을 넘어 자신의 미래를 창조함으로써 궁극적으로 자신이 원하는 방향으로 성장하고 발전하도록 지원하는 일련의 과정이다. 셋째, 코칭은 임파워먼트(empowerment)가 전제된 상태에서 코치와 코칭고객 사이에 상호 헌신된 파트너십(mutual committed partnership)을 지향한다.

즉, 코칭은 코칭고객이 자신의 문제를 스스로 해결할 수 있는 해답을 찾을 수 있도록 코치가 도와주는 과정이고, 이때 코치는 자율성(autonomy)과 책임(responsibility)이 전제된 상태에서 코칭고객에게 임파워먼트를 제공한다.

2) 코칭의 정의

코칭을 정의하는 데 있어 무엇보다 중요한 것은 코칭을 활용하고자 하는 분야에서 다루어지는 핵심적인 부분에 대해 동의하고 신뢰하는가에 대한 것이다. 한 가지의 정의가 모든 사람을 만족시킬 수는 없기 때문에 코칭을 통해 이루고자 하는 일에 적합한 정의를 찾아내는 것이 필요하다고 본다. 이에 본서는 다양한 코칭에 대한 정의의 분석 및 논의를 바탕으로 코칭을 '개인의 잠재능력을 스스로 찾아 깨우고 발휘하여 원하는 바를 이루는 과정'이라고 정의한다.

코칭의 유사개념과의 차별성

코칭을 보다 명확하게 이해하기 위해 유사한 영역들에 대한 정의를 비교하는 것도 하나의 방법이다. 코칭과 유사하고 관련이 많은 영역에는 카운슬링(counseling), 멘토링(mentoring), 컨설팅(consulting)이 있다.

1) 카운슬링(COUNSELING)

코칭과 가장 유사한 인적 서비스인 카운슬링은 상담자와 내담자 사이의 커뮤니케이션 과정을 통해 문제를 이해하도록 촉진하고, 정서적으로 직면하도록 하며, 내담자의 과거 행동을 변화시키기 위해 다양한 기법들을 사용한다는 점에서 코칭과 유사하지만(이희경, 2005), 상담자가 심리적으로 건강하지 못한 내담자들이 지내온 과거에서 문제의 원인을 찾고 그 해답을 제시하는 수직적 관계의 커뮤니케이션이라는 점에서 코칭과 큰 차이가 있다(조성진, 2008).

카운슬링의 특징은 심리적으로 어려움을 가지고 있는 사람들이 상담이나 심리치료 전문가를 찾아와 과거부터 현재까지 자신의 내면을 탐구할 수 있도록 도와주며 이를 해결할 수 있도록 적절한 조언이나 해결책을 제시하는 반면에, 코칭은 고객의 현재 시점에서 미래에 관심을 가지고 심리적인 측면보다는 고객의 잠재성이나 행동의 변화를 지원하는 활동이라고 할 수 있다.

2) 멘토링(MENTORING)

멘토링은 모든 유형의 개인들 사이에서 일어날 수 있는 가르치고 배우는 방식이다. 또한, 멘토링은 특정한 선임관리자가 제자 관계를 맺은 부하 직원에게 업무를 지원하고, 정서적인 격려를 제공하며, 최고 의사결정자를 소개해 주는 등의 도움을 제공해 주는 것을 의미한다(Northouse, 2000).

이에 비해 코칭은 코치와 피코치 간의 수평적인 파트너십 관계하에서 피코치가 가지고 있는 문제를 스스로 해결하도록 코치가 효과적으로 지원하는 쌍방향 커뮤니케이션이라는 점에서 다른 것들과 다르다. 특히, 성장과 발전의 주체가 피코치라는 인식하에서 코치는 피코치에게 문제 해결과 성장을 위한 권한 위임, 즉 임파워먼트를 제공한다는 점에서 멘토링과 크게 다르다(조성진, 2008).

3) 컨설팅(CONSULTING)

Steele(1975)는 컨설팅을 과제의 내용, 프로세스, 구조에 관한 책임을 맡고 이를 수행하는 사람들에게 과제 수행에 대한 실제적인 권한을 갖고 있지 않은 컨설턴트가 도움을 제공하는 것이라고 정의 내렸다. 또한, 컨설팅은 해당 분야의 전문적인 지식과 경험을 가지고 있는 컨설턴트가 주도적인 위치에서 고객이 가지고 있는 문제를 진단하여 원인을 분석하고, 그 해결책을 제시하는 것이다. 이때, 컨설팅의 성공 여부는 고객이 가지고 있는 능력보다도 컨설턴트 개인이 가지고 있는 지식, 경험, 견해에 의해 좌우되는 일방향 커뮤니케이션(one-way communication)이라는 점에서 코칭과 크게 다르다(조성진, 2008).

한국코치협회(2006)에서는 컨설팅이 해결책을 제시하는 것이 목적이라면, 코칭은 그 해결책을 스스로 발견하게 하고, 추후 그 해결책을 스스로 재생산할 수 있도록 프로세스를 공유하며, 그 능력을 갖도록 하는 것에 목적을 주는 것으로, 컨설팅이 '무엇(what)'에 집중하는 반면, 코칭은 '누구(who)'에 집중하는 것이라는 점을 강조하였다.

이상의 내용을 보면 컨설팅은 컨설턴트가 주도하여 고객의 문제를 분석 및 진단하고 해결책을 제공해 주는 서비스이기 때문에, '질문'을 통하여 고객이 '스스로' 최선의 해결책을 찾아내어 실천할 수 있도록 지원해 주는 코칭과는 다른 개념이다.

코칭의 분류

코칭에 대한 인식이 확산되면서 그 적용분야 또한 점차 확대되고 있다. Jay(2001)는 코칭의 실행영역을 개인 코칭(personal/individual coaching), 비즈니스 코칭(business coaching), 커리어 코칭(career/HR development coaching), 조직 코칭(organizational systems/corporate coaching), 임원 코칭(executive coaching)으로 분류, 설명하고 있다.

Jarvis(2004)는 코칭이 집중하고 있는 영역에 따라 그 형태를 임원 코칭(executive coaching), 성과 코칭(performance coaching), 스킬 코칭(skill coaching), 커리어 코칭(career coaching), 개인 코칭(personal and life coaching), 비즈니스 코칭(business coaching)으로 분류, 제시하고 있다.

이와 같이 코칭의 다양한 분류에 대해 살펴본 결과 코칭의 적용 범위가 상당히 넓어지고 있지만, 크게 분류하여 코칭은 받는 대상과 분야에 따라 비즈니스 코칭, 개인 코칭, 그리고 커리어 코칭으로 분류할 수 있음을 알 수 있다.

1) 비즈니스 코칭(BUSINESS COACHING)

비즈니스 코칭은 기업 및 단체의 멤버들이 대상인 코칭 분야로, 주로 비즈니스 이슈를 다룬다. 비즈니스 코칭은 다시 외부의 전문코치들이 코칭 서비스를 제공하는 익스터널 코칭(External Coaching)과 내부의 코치들이 서비스를 제공하는 인터널 코칭(Internal Coaching)으로 분류할 수 있다. 비즈니스 코칭은 다양한 관점에서 다양한 주제를 다루게 되는데, 종종 비즈니스 시스템 내에서 발생하는 혁신 혹은 기업의 문제에 중점을 두기도 한다. 비즈니스 문제뿐만 아니라 개인적인 문제도 코칭 이슈에 포함될 수 있다.

2) 개인 코칭(PERSONAL AND LIFE COACHING)

개인 코칭은 개인의 다양한 관심사에 따른 1:1 개인 코칭 서비스를 제공하는 것을 말한다. 개인 코칭은 개인의 성장에 초점을 둔 것으로 가족, 개인의 재정, 신체적, 정신적, 사회적, 영적 그리고 일과 관련된 영역이 코칭 대상이 된다. 이 경우 개인이 코칭 비용을 지불한다. 개인 코칭에서 다루어질 수 있는 주제들은 매우 다양할 수 있는데, 예를 들어 인생의 균형을 이루는 법, 자신감 확립, 인생의 목표 정하기, 재정관리, 다이어트, 운동, 경력(career), 퇴직, 스트레스 감소, 배우자나 아이들과의 관계, 직업에서의 만족감 등 모든 생활 문제를 포함할 수 있다(김혜연 외, 2008).

3) 커리어 코칭(CAREER COACHING)

커리어 코칭은 개인의 커리어 관심사에 초점이 맞춰져 있고 커리어 선택을 위해 개인이 장단기에 걸쳐 변화하고 발전하도록 돕는다. 코칭 과정은 자기탐색과 직업 세계 이슈에 대한 이해를 통해 개인의 변화와 미래를 위한 행동을 명확히 하는 것이다. 특히, 직업적인 것에 초점을 두며 성장을 위한 스킬 개발이 중요한 이슈가 된다. 커리어 코칭은 개인이나 조직이 모두 계약의 주체가 될 수 있으며, 조직이 의뢰할 경우는 개인의 단기와 장기 커리어 목표에 초점을 두고 커리어 방향을 결정한다. 그 후 계획수립을 통해 개인이 장·단기에 걸쳐 변화할 수 있도록 돕는다.

코칭 스킬

좋은 코치는 탁월한 코칭 스킬을 사용한다. 국제코치연맹에서 정의하는 좋은 코치가 사용하는 코칭 스킬은 피코치와 신뢰의 환경을 만들고 파트너 관계를 형성하는 스킬이며, 또 다른 스킬은 해결책을 제시하는 대신 피코치가 스스로 발견할수 있도록 경청하고 질문하는 스킬이다. 또 다른 스킬은 피코치 스스로가 발전, 변화했다고 믿을 수 있도록 피드백을 주면서 이끌어 주는 스킬이 필요하다.

질문, 경청, 피드백

코칭에서 활용하는 질문은 일반적인 질문과 달리 열린 질문, 미래형 질문, 긍정형 질문을 활용하여 고객을 자연스럽게 새로운 관점을 갖게 하고 의식을 성장하게 하여 스스로 답을찾아 실천하도록 한다. 경청 스킬은 사람의 마음을 얻는 데 중요한 역할을 한다. 경청은 말뿐만 아니라 그 사람의 의도와 감정까지 들어야 하기에 온 정성을 다해 경청해야 한다. 피드백은 행동을 이끄는 중요한 스킬이기 때문에 칭찬을 넘어 진심 어린 인정을 적절한 타이밍에 잘 사용해야 한다.

PART 2

재테크의 가치

투자의 시대

　미래에 대한 불안감으로 인해 투자하는 것보다 투자를 하지 않는 것이 더 위험한 세상이 되었다. 이런 불안감이 대한민국에 본격적으로 시작된 시점은 1997년 외환위기다. 이로 인해 평생직장의 개념이 사라지고 평생직업의 시대가 열리며 형성된 고용시장의 자유로운 이동으로 인해 고용에 대한 불안 심리가 커지기 시작했으며, 2008년 미국의 서브프라임 모기지론 사태(subprime mortgage loan crisis)로 촉발된 금융위기는 세계 여러 나라 재정위기의 원인이 되었다. 이런 세계 경제의 불안감이 우리 정부와 기업의 긴축 운영을 장기화시키며, 고용 축소로 이어지고 있다. 고용시장의 불안한 환경으로 인해 미래에 대한 준비의 중요성이 커지고 있다.

1) 인생 100세 시대의 불안감

인생 100세의 시대를 넘어 120세, 150세 시대가 곧 도래할 정도로 사회가 빠르게 진화하고 있다. 우리 할아버지 세대 때는 투자의 필요성이 매우 적었다. 60세 중반까지 건강하게 일하시다가 몇 달 정도 아픈 후에 하늘나라에 가셨기에 노후 및 미래에 대한 불안감이 거의 없었다. 하지만 20대 후반부터 50세 초반까지 괜찮은 일을 하고 난 뒤, 은퇴 후에는 불안한 고용시장에 접하면서도 30~40년 이상 남은 노후 생활을 준비해야 하는 우리 세대의 불안감은 하늘 높은 줄 모르고 올라가고 있어 사회 전반적으로 불안 심리가 팽팽해지고 있다.

'5060세대'는 하루 14시간 이상 주말 없이 일한 사람들이다. 우리들의 선배 대부분이 그렇게 일했다. 정말 월, 화, 수, 목, 금, 금, 금…, 일요일도 없이 일해서 자녀를 키웠다. 그런 자녀들이 대학교 또는 대학원을 졸업하고 2년 재수 끝에 취직하니, 남자의 경우 군 복무 시기를 포함하면 나이가 서른이 넘는다. 돈을 모으지 못한 자녀가 결혼하면 살던 집을 담보로 대출을 받아 살 집을 마련해 준다. 그러다 보니 나이가 60세가 되고, 앞으로 30~40년을 더 살아야 한다.

2) 현실과 기회

베이비붐 세대 시대는 일자리가 많고 저축이 가능한 환경이 조성되어 있었다. 그러나 그들의 자녀들이 학교를 졸업하고 사회에 나오는 이 시대에는 환경이 변했다. 노동의 상당 부분을 기계가 대신하고 있고, 기업은 성장하였지만, 고용은 줄었다. 최고학부 대학원까지 나왔는데, 중소기업에서 받는 급여는 월 200만 원 정도다. 대기업 입사는 바늘구멍 통과보다 어렵다. 그러다 보니 취업에 유리한 좋은 대학을 가기 위해 재수, 삼수를 하는 사람이 많다. 이것이 우리나라의 현실이다. 이들은 귀하게 커서 어려움을 극복할 힘이 부족한 경우가 많다. 어려움을 만나면 극복하기보다는 피해가려고 한다. 난관을 극복할 기초 체력이 없기 때문이다. 사회는 만만하지 않다. 사회는 특별하고, 특출 나고, 열심히 노력하는 사람에게 기회를 부여하지, 그렇지 않은 사람에게는 기회를 잘 주지 않는다. 이것이 현실이다.

3) 토지와 자본 활용

현대 자본주의 경제에서 생산의 3요소는 노동, 토지, 자본이다. 그동안은 노동의 생산 가치만으로도 일반 서민들의 생활이 가능하였지만, 인생 100세 시대와 일자리가 줄어드는 미래에는 토지와 자본의 활용 없이는 행복한 생활이 불가능하다. 노동 중심의 생활에서 벗어나 토지와 자본까지 균형 있게 활용하는 지혜를 길러보자.

재테크 방향

 일반 서민들은 대부분 주식과 아파트, 상가, 오피스텔 등 눈에 보이는 부분에 투자하거나 은행에 저축하는 방식의 재테크를 한다.

 일반 투자자들이 주식에 대해 모르면서 금융 전문가에게 주식투자를 맡기는 경우를 '펀드'라 한다. 만약 펀드 상품에 1억 원을 맡겼을 경우, 손실이 발생해도 수수료를 내야 한다. 손실이 발생했다고 해서 수수료를 깎아주지도 않는다.

 또한, 보험에 들어놓고는 이를 투자라 생각하고 다른 부분에는 투자를 안 하는 사람들이 많다. 보험은 투자 상품이 아니다. 리스크를 대비하는 것이 보험이며, 보험에 납입하는 금액은 리스크에 대한 비용 부담이기에 보험료라 한다. 즉 리스크 대비 상품이 보험인 것이다. 많은 부모님들이 자녀 교육보험을 통해 허탈함을 맛보았다. 오랜 기간 힘들게 교육보험료를 납부하였지만, 막상 아이가 커서 대학에 진학할 시기가 되면 그동안 납부한 교육보험료가 한 학기 등록금도 채 못 되는 경험을 했다. 결국, 기대에 못 미치는 단계를 넘어 속았다는 느낌마저 들었다.

금융기관에 일하는 사람들이 재테크 전문가는 아니다. 몇 년 전 은행에서 펀드 상품을 팔아 고객들에게 막대한 손실을 주었다. 결국, 은행은 예금을 받아 그 돈으로 대출을 해주고, 거기서 생기는 이윤을, 증권회사는 주식 거래 수수료를 통해 먹고사는 기관이지 재테크 전문가 집단은 아니다.

1) 금융을 알자

재테크를 하려면 금융을 알아야 한다. 금융과 부동산은 함께 간다. 금융을 알아야 부동산을 알고 부동산을 알아야 금융을 안다. 국고채 금리, 환율, 주가지수 등을 알아야 한다. 대한민국이 망할 확률이 있는가? 없다. 그렇기 때문에 국고채는 안전하다.

채권은 회사가 부족한 자금을 동원하는 수단이다. 회사가 돈을 빌리며 발행한 차용증서가 채권이다. 외부에서 1억 원, 2억 원 차용 시 몇 %의 이자를 주고 자금 조달하면서 발행한 것이 채권이다. 주식은 권리 행사를 할 수 있는 주권이면서 회사 수익률과 연동하여 가격이 변한다. 회사 이익이 많으면 주가가 오르고 회사 수익이 낮으면 주가가 내려간다.

회사의 가치를 보는 눈이 있어야 주식을 통해 돈을 벌 수 있지만, 일반 개미들이 이런 전문적인 시각을 가질 수 없기에 개미들이 주식으로 돈을 벌기는 '하늘의 별 따기'다. 개미들은 남들이 움직일 때 움직이고 투자자들은 미리 움직여 단물을 빨아먹고 나간다. 개미들이 들어올 때 투자자들은 팔고 나간다.

2) 재테크 상식

재테크에 관심이 있는 사람, 재테크를 할 수 있는 여력을 가진 사람은 재테크 상식을 가지고 있다. 재테크 관련 전문적인 지식까지는 필요없지만, 기본적인 지식은 필요하다. 한국인의 성향은 안정성을 찾는데, 투자 대상으로 마땅한 것이 없다. 주식으로는 돈을 벌기 어렵다. 주변 서민들은 주식 투자를 하다 모두 손실만 봤다. 어느 순간 재미를 잠시 봤어도 결국은 마이너스다. 1%대 저금리시대 속에서 은행에 저축하는 것은 물가 상승률도 안되는 수익이 나기에 실질적으로는 손실이 발생한다. 우리 주변에 있는 평범한 사람들은 부동산으로 돈을 벌었다. 주식보다 부동산으로 돈을 벌 확률이 높다. 고도성장 시기는 아파트로 돈 벌고, 저성장 시기에는 가장 크게 가격 탄력성을 받는 개발지역의 땅이 재테크 가치가 있다.

많은 투자의 경우 금리에 물가 상승분을 더한 것이 기대 수익이다. 이런 기대 수익을 만족하게 할 만한 투자 대상이 많지가 않다. 은행을 활용하는 재테크 시대는 이미 지나갔다. 주식은 개미들이 돈 벌기 힘들다. 부동산도 알고 해야 투자 가치가 있다. 부동산은 주변에 반드시 개발 호재가 있어야 크게 가격이 상승한다. 신도시 개발이냐, SOC냐, 대기업 투자냐, 관광단지 조성이냐? 등 개발 호재가 있어야 투자 가치가 있다.

3) 입지의 중요성

1960~70년대는 대한민국 국민의 90%가 농민들이었다. 그 후 산업화 정책에 의해서 이농 현상이 이루어지고 도시화가 진행되었다. 농경지에서는 위치의 필요성이 거의 없다. 이곳이나 저곳이나 상관없고, 단지 농사가 잘되는 곳이 중요하다. 가

격도 거의 비슷했다. 결국, 농경지는 위치의 필요성이 없다는 결론이 도출된다. 산업화 정책으로 이루어진 도시화는 필연적으로 인구 및 경제활동을 특정 지역으로 편중시켜 지리적인 위치에 따라 가격이 결정되었다. 위치에 따라 가격이 천차만별이다. 입지의 중요성이 대두한 이유다.

도시화가 이루어지면 가용토지가 부족해진다. 가용토지 부족으로 수요가 증가하면 가격이 올라간다. 어느 시기에 개발이 가속화되면서 도시지역을 중심으로 해서 가격이 폭등한다. 이것이 땅의 속성이고 땅의 역사다. 이 과정에서 땅을 가진 자에게 막대한 부를 안겨주었다.

4) 건물주 되기

지난 50년간 쌀값은 약 45배 상승했지만, 국토 중 사유지는 약 4,000배가 올랐다. 강남 및 분당 등 농지에서 도시용지로 개발된 땅은 몇천 배가 아닌 표현할 수 없을 정도로 많이 올랐다. 한 방송 프로그램에서 대한민국 인구를 100명으로 봤을 때 땅을 가진 사람이 28명, 땅을 가지지 못한 사람이 72명이란 통계를 발표했다. 그리고 땅을 가진 사람 중 1%가 전체

사유지의 55%를 가지고 있다고 한다.

최근 많은 사람들이 선호하는 건물주가 되는 방법은 지어진 건물을 사거나 내가 건물을 짓거나 둘 중 하나다. 지어진 건물 하나를 사려면 15~20억 원이 필요하다. 월급으로 이 돈을 모으기는 힘들다. 월급쟁이가 1년에 1천만 원 모으기는 매우 힘들다. 결국, 월급 모아 빌딩 사기는 불가능하다. 반면에 자신이 빌딩을 짓는 방법은 가능하다. 빌딩을 짓기 위해서는 땅이 있어야 한다. 땅 중에서도 가격 상승이 안전하고 확실하게 오를 수 있는 개발지역의 땅이 좋다. 부자들은 땅을 통해 자산을 축적하고, 불려간다. 내가 부자가 되기 위해서는 부자처럼 행동해야 한다.

재테크 실행

'기회의 신' 카이로스는 앞머리는 무성하지만, 뒷머리는 대머리고, 뒤꿈치에 날개가 달려있다. 앞머리가 무성한 것은 사람들이 자신을 몰라보게 하기 위함이고, 뒷머리가 대머리인 이유는 지나가면 붙잡지 못하게 하기 위해서이며, 뒤꿈치에 날개가 달린 것은 빨리 달아나기 위해서다. 이렇듯 기회는 찰나의 순간에 알아봐야 한다. 일기일회의 기회는 단 한 번 스쳐 지나간다.

1) 도시화 기회 활용

대한민국에서는 임금 상승률보다 자산 상승률이 훨씬 높다. 그런 점에서 인기 드라마 〈응답하라 1988〉은 우리에게 많은 교훈을 알려준다. 그 당시의 평균임금은 4년제 대학을 졸업한 경우 연봉 5백만 원 정도 되었다. 30년이 지나 임금의 상승률은 약 6배 정도 된다. 같은 기간 강남 3구의 아파트 가격은 40배 이상 올랐다. 비강남권도 19배 올랐다. 임금 상승이 부동산 가치 상승을 따라가지 못하고 있다. 그러기에 투자를 해야 한다.

2) 희소성 활용

예전 고성장 시대에는 저축이 미덕이었다. 박정희 시대에는 은행이 개인에게는 대출해주지 않고, 기업을 대상으로 한 산업대출만 있었다. 개인이 저축한 돈으로 기업에 투자하였다. 개인 대출이 원활하지가 않아 집을 사려면 전세를 끼고 샀다. 그래서 전 세계에서 유일한 한국만의 전세 제도가 생겼다. 금융권 이용이 어렵다 보니 사채시장이 활성화되었고, 그 당시 사채이자는 3~5부, 월세는 10% 정도 하였다. 전세로 목돈을 받아 사채 놓으면 월세를 받는 것보다 더 이익이 되었다. 정부의 정책과 고금리, 땅값이 오를 것이라는 확신으로 생긴 제도가 전세다.

현재는 금리가 1~3%대로 저금리다 보니까 전세를 통한 금융소득보다 월세로 받는 것이 훨씬 이율이 높다. 월세 수익률이 5~7%다 보니 전세를 월세로 돌린다. 은행 금리가 7~8%가 되면 전세가 유지된다.

서울지역의 부동산 가격이 1970년도부터 지금까지 1,220배 상승하였다. 강남지역 중 예전 한전 부지였으며, 현재는 현대자동차그룹 부지인 삼성동 땅은 약 11만 배 이상 가격이 상승하였다. 같은 기간 물가 지수의 대표 주자인 짜장면 값은 38배 상승하였다. 이런 원리를 알았다면 강남지역에 투자했을 것이다.

강남의 개발 역사는 대한민국 경제 발전과 같이 진행되었다. '경제 개발 5개년 계획'을 통해서 급속하게 산업화가 이루어지면서 농촌 인구가 도시로 와서 급속하게 도시화가 이루어졌다. 도시화가 이루어지면 농촌 인구가 몰려와 도시지역의 토지가 부족해졌다. 거기다 기업과 공장들까지 몰려 토지 수요가 폭발적으로 증가했다. 희소성이 생겨 도심 지역을 중심으로 가격이 폭등하기 시작했다. 도시화가 이루어지고 있는 곳이 가격 탄력성이 높다는 것이 개발 역사를 통해 증명되고 있다.

3) 신도시 학습효과

이농 현상으로 서울로 인구가 엄청나게 유입되면서 배후 도시가 필요하게 되어 강남을 개발하게 되었고, 북쪽으로는 상계 신시가지, 서쪽으로는 목동, 동쪽으로는 고덕 신시가지를 건설하였다. 그로 인해 이 지역들을 중심으로 가격이 폭등하기 시작하였다. 한국의 경제 발전 가속화와 인구의 수도권 집중현상, 그리고 88 서울올림픽 개최를 계기로 국민소득이 1만 달러, 2만 달러로 올라가면서 중진국에 진입하였다. 인구 분산을 위해 1기 신도시를 조성하였다.

1기 신도시를 급속하게 만들다 보니 초기에는 직장도 멀고, 기반 시설이 부족하여 불편한 점이 많았다. 2기 신도시는 생산 활동은 기본이고, 업무, 상업 용지를 확보해야 개발 허가를 내주었다. 그러다 보니 2기 신도시는 자족 기능을 갖추는 것이 표본이 되었다.

1기 신도시는 1992년부터 입주를 시작했다. 개발 초창기 강남, 목동, 고덕이 개발될 때는 잘 모르다 1기 신도시 때 '아파트가 들어서면 그 주변 땅값이 뛰기 시작한다'는 것을 일반 서민들도 알게 되었다. 또한 땅을 가지고 있는 자와 없는 자가 5년 후 엄청난 차이가 난다는 것을 알게 되었다. 이런 학습 효과를 얻은 것이 1기 신도시였다.

2기 신도시 조성 때에는 1기 신도시를 통해 얻은 학습으로 일반인들도 섹터권 주변에 투자하기 시작하였다. 그 이전에는 언론의 부정적인 보도로 개발지역 투자는 고위 공직자들의 투기 수단 정도로 인식되고 있었다. 이런 부정적인 인식을 없애기 위해 국토종합개발 계획을 공유하면서 대중에게 정보를 나누어 주었다. 그 결과 2기 신도시에 일반인들이 엄청난 투자를 하였다.

4) 도시화 지역 투자

사람들은 도시화가 될 지역에 관심을 갖는다. 도시지역의 땅은 그 수요에 의해서, 즉 땅은 한정되어 있고 땅을 찾는 사람은 많아서 그 지역의 땅값은 지속적으로 상승한다. 땅의 한정성과 부동성으로 가격이 상승한다. 도시지역의 땅도 가격 상승의 생애주기가 있다. 미개발지, 개발지, 개발지에서 성장기를 거치고 성숙기 단계를 거쳐서 쇠락기 단계를 거친다. 개발지에서 성장기로 가는 단계가 약 20년의 시간이 걸린다. 이 개발지에서 성장기 사이의 20년 동안 투자를 해야 투자 가치가 제일 높다. 이 과정이 도시화 과정이다. 사람과 돈과 기업을 집중시키는 곳, 도시화가 진행되는 곳을 중심으로 가격이 상승하기에 땅은 위치성을 지녔다고 한다. 신개발지에서 도시화 되는 시기에 들어가야 빅뱅이 일어난다. 개발 계획, 착공, 진행, 완공. 이 과정을 거쳐서 성숙기 단계로 넘어온 시기는 사람의 중장년 시기에 비유할 수 있다. 이런 지역이 강남, 분당, 일산, 평촌의 땅들이다. 성장기 단계의 땅은 판교다. 판교는 2009년부터 입주를 시작하였기에 2029년 이후에야 성숙기 단계에 진입한다. 아직까지 판교 신도시 주변도 투자 매력이 있다.

고령화 시대이기에 노인이 되어 돈이 있으면 축복, 없으면 재앙이 된다. 우리나라는 인구 밀도가 굉장히 높은 나라다. 국토 면적에 비해 경제 규모가 큰 나라라 투자 가치가 높다. 지금 도시화가 이루어지고 있는 개발지에서 성장기로 넘어가는 도시화 지역에 투자하여 노후를 대비하자.

5) 현재를 보고 미래를 읽자

30년 전, 분당 신도시가 개발될 때 임야는 평당 2~3천 원이었고, 농지는 1~2만 원 정도였다. 지금은 평당 천만 원 이상이다. 30년 전 분당 지역 1평의 가치를 제대로 알아본 사람은 많지 않았다. 과거를 통해 현재를 보고 미래를 읽을 줄 알아야 한다. 강남의 확장으로 분당이 개발되고 분당의 발전으로 용인이 개발되었다. 현재는 화성과 평택이 활발하게 개발 중이다.

6) 투자는 필수

우리나라 경제 환경에서 투자는 필수다. 사기업의 평균 정년은 52세다. 27~28세에 직장에 입사해서 약 25년 근무하고 사회에 나온다. 그 후 인생 2막으로 가장 많은 사람들이 선택하는 것이 프랜차이즈 사업이다. 프랜차이즈 사업이 자신의 경쟁력을 보증하지는 않는다. 서비스에 따라 사업 결과가 천차만별이다. 많은 사람들이 프랜차이즈 창업 2~3년 안에 문을 닫는다. 그러면 퇴직금을 거의 날리게 된다.

자영업을 할 때는 돈이 부족할수록 중심부로 가야 경쟁력이 생긴다. 도시 중심부로 들어가 목돈을 만들어야 한다. 땅도 마찬가지다. 도시 외곽이 2배 오르는 동안 도시 중심부는

10배 이상 오른다. 주식 투자도 마찬가지다. 소액 투자를 하는 개미일수록 소위 '대박'에 대한 환상을 갖고 저가 주식을 산다. 그러면 '개미지옥'에 떨어지게 된다. 대박 환상이 성공할 확률은 벼락 맞을 확률만큼 어렵다. 확률 높은 게임을 해야 한다.

지금의 소위 금수저들을 분석해 보니 대부분 땅 부자들이다. 그들처럼 개발지역 초기의 땅에 투자하자. 돈 벌 수 있는 곳에 사람이 모인다. 경제활동을 하기 위한 기반과 여건이 잘 갖추어진 곳, 기업이 들어가고 행정기관이 들어가고 있는 지역, 이런 곳에 도시가 만들어지고 팽창된다. 이런 개발지 섹터 인근 지역에 들어가는 것이 확률이 높은 재테크다.

PART 3

꿈을 이루는 GRO-ACT

GRO-ACT 개요

GRO-ACT 모델은 코칭이 이루어지는 틀이며, 효과적인 코칭을 위한 프로세스다. Goal(목표), Reality(현실), Option(대안), Awareness of viewpoint(관점인식 및 전환), Choice(선택), Trust(신뢰)를 의미한다. 코칭 모델은 코칭의 완성도를 높이는 좋은 틀이므로 코칭 모델을 따라 재테크 코칭을 진행하는 것이 바람직하다. 본 코칭 모델은 코칭에서 많이 사용하는 GROW 모델을 기반으로 하고 있으며, 여기에 ACT 모델을 추가한 모델로써, 코칭에 대한 몰입도와 효과를 증대시키는 새로운 모델이다. 재테크 이외에 비즈니스, 건강, 여가, 성공 등 다양한 주제를 대상으로 진행해도 큰 효과를 볼 수 있다. 아래 설명과 사례를 참고로 하여 부록의 '재테크 코칭 GRO-ACT' 교재와 워크북을 활용해 '셀프 코칭'을 진행하면 원하는 바를 쉽게 얻을 수 있게 될 것이다.

GOAL 목표

우리들의 마음속에는 한 가지 이상의 꿈이 있다. 꿈이 간절할수록 꿈을 이루려는 노력도 커지게 된다. 별똥별을 보고 소망하는 간절한 꿈은 잘 이루어진다고 한다. 하지만 꿈을 이루는 과학적인 방법은 꿈을 목표로 적고 탁월한 실행 방법을 찾아 실행하는 것이다. 목표를 정할 때도 시간 등 숫자를 포함하여 적으면 달성할 확률이 높아진다.

활용할 수 있는 목표 관련 질문은 다음과 같다.

○ 코칭을 마쳤을 때 어떤 성과를 얻고 싶은가?

○ 오늘의 코칭 목표는 무엇인가?

○ 코칭 목표를 통해 진정으로 원하는 것은 무엇인가?

○ 목표가 이루어진다면 자신의 삶이 어떻게 달라지겠는가?

목표 설정 사례

○ **셀프 질문**: 오늘의 코칭 목표는 무엇인가?

○ **답변**: 월 500만 원의 임대료가 나오는 건물주 되기.

○ **추가 질문**: 목표 달성 시기는 언제인가?

○ **답변**: 2022년 12월까지 달성하고자 한다.

○ **추가 질문**: 500만 원의 월세를 받으려면 얼마 정도 하는 건물인가?

○ **답변**: 연 5%의 수익을 감안하면 12억 원 가치의 건물이다.

○ **추가 질문**: 수치가 반영된 목표로 다시 설정한다면?

○ **답변**: 2022년까지 12억 원을 모아 월 500만 원 임대료가 나오는 건물주 되기.

○ **확장 질문**: 목표가 이루어진다면 삶이 어떻게 달라지겠는가?

○ **답변**: 가장의 의무에서 벗어나 건강을 보급하며 행복한 생활을 한다.

REALITY 현실

목표와 관련되어 어떤 현상들이 존재하며, 관련성은 무엇인지 파악하고, 목표와 현실과의 괴리에 대해 인식하는 단계이다. 코칭은 현재의 상태에서 원하는 상태에 도달하기 위해 진행하기에 현실을 잘 파악하는 것이 중요하다.

활용할 수 있는 현실 관련 질문은 다음과 같다.

○ 목표가 이루어진 것을 100점이라고 한다면 지금은 어떤 수준인가?

○ 목표를 이루기 위해 지금까지 어떤 시도를 해 보았는가?

○ 여러 가지 실행을 통해 얻은 것은?

현실 관련 사례

○ **셀프 질문**: 목표 달성 수준을 100점이라고 가정하면 현재 달성 수준은?

○ **답변**: 30점.

○ **추가 질문**: 지금까지의 어떤 시도를 해보았는가?

○ **답변**: 자금을 모으기 위해 개발지 땅을 사고 있다.

○ **추가 질문**: 현실적인 시도를 통해 얻은 것은?

○ **답변**: 돈 벌기가 어렵고 많은 시간이 필요하다.

OPTION 대안

목표를 달성하기 위한 다양한 대안을 탐색하는 단계이다. 가능하면 브레인스토밍 등 열린 사고로 많은 대안을 탐색하고, 그중 탁월한 대안을 찾아 실행하려는 노력이 필요하다. '또 다른 대안이 무엇인가?'라는 질문을 많이 활용해 보자.

활용할 수 있는 대안 관련 질문은 다음과 같다.

○ 목표를 달성하기 위해 구체적으로 무엇을 하겠는가?

○ 또 다른 대안은 무엇인가?

○ 그 밖에 또 다른 대안은 무엇인가?

○ 지금까지 시도해 보지 않았지만 새롭게 실행해 볼 대안은 무엇인가?

대안 관련 사례

○ **셀프 질문**: 목표 달성을 위해 구체적으로 무엇을 하겠는가?

○ **답변**:

- 소액 땅 등기를 10개까지 취득한다.

- 부동산 관련 지식을 지속적으로 확보하여 더 전문가가 된다.

- 사전에 가족들과 목표를 공유한다.

- 월 소득을 800만 원까지 올린다.

- 지출을 줄여 월 400만 원 이상 저축을 한다.

○ **추가 질문**: 또 다른 대안은 무엇인가?

○ **답변**: 금융권의 신용도를 높이기 위한 관리를 한다.

○ **확장 질문**: 지금까지 시도해 보지 않았지만 새롭게 실행해 볼 대안은 무엇인가?

○ **답변**: 경매를 활용한다.

Awareness of viewpoint
관점인식 및 전환

인생의 터닝포인트를 가져올 수 있는 단계다. 자신의 관점을 인식하고 전환하려는 노력이 필요하다. 부정의 관점에서 긍정의 관점으로, 관리의 관점에서 미래의 가능성을 살펴보는 관점으로, 부족한 것을 채우려는 관점보다는 자신이 가진 것을 활용하려는 관점으로의 전환이 필요하다. 더 나아가 자신의 잠재력을 믿고 활용할 수 있다는 코칭 관점이 필요하다.

활용할 수 있는 관점인식 및 전환 관련 질문은 다음과 같다.

○ 목표 달성을 위해 노력하는 당신은 누구인가?
○ 목표를 달성한 10년 뒤의 당신은 새로운 도전을 하고 있는 지금의 당신에게 무엇이라 말하겠는가?
○ 목표가 달성된 모습, 즉 비전을 그려보자. 무엇이 보이고 무엇이 들리고 무엇이 느껴지는가?
○ 자신의 어떤 잠재능력을 활용하겠는가?

관점인식 및 전환 관련 사례

○ **셀프 질문**: 목표 달성을 위해 노력하는 당신은 누구인가?

○ **답변**: 풍요와 행복을 만드는 사람.

○ **추가 질문**: 목표를 달성한 미래의 당신이 현재의 당신에게 어떤 말을 하는가?

○ **답변**: 잘하고 있어. 핵심 실행안부터 하나씩 하나씩 실천해.

○ **추가 질문**: 목표가 달성된 비전은?

○ **답변**: 1층에서 장사 잘하는 임차인이 열심히 일하고 있고, 2층에서 직접 운영하는 명상 카페에서 회원들과 함께 생활 명상을 편안하게 하고 있다. 마음속에 여유와 평화스러움이 넘친다. 행복하다.

○ **확장 질문**: 자신의 어떤 잠재능력을 활용하겠는가?

○ **답변**: 지구력, 설득력, 코칭 능력.

CHOICE 선택

핵심 실행안을 선택하고, 구체화하는 단계이다. 목표 달성을 위한 모든 대안을 한 번에 실행하려고 하면 작심삼일이 되기 쉽다. 가장 중요하고 시급한 핵심 실행안을 정하고, 구체적이고 시간 플랜이 포함된 실행안으로 설계한 후 실천하는 것이 효과적이다.

활용할 수 있는 선택 관련 질문은 다음과 같다.

○ 어떤 대안이 가장 효과가 있다고 생각하는가?

○ 그 대안을 실행하기 위해 구체적으로 무엇을 하겠는가?

○ 그 실행안을 언제부터 시작하고 언제 완성하겠는가?

○ 활용할 수 있는 주변의 자원은?

○ 장애요소는 무엇이며 어떻게 극복하겠는가?

선택 관련 사례

○ **셀프 질문**: 어떤 대안이 가장 효과가 있는가?

○ **답변**: 개발지에 투자를 하여 돈을 번다.

○ **추가 질문**: 구체적으로 어떻게 하겠는가?

○ **답변**: 5천만 원 단위로 돈을 모아 도시화 되는 개발지 땅에 연 1회 이상 투자하여 300% 이상의 수익을 본다.

○ **추가 질문**: 활용할 수 있는 주변의 자원은?

○ **답변**: 개발지 정보를 지자체 홈페이지에서 주간 단위로 지속적으로 파악한다.

○ **확장 질문**: 장애요소는 무엇인가?

○ **답변**: 투자금 부족.

○ **확장 질문**: 어떻게 극복할 것인가?

○ **답변**: 강의와 코칭 능력을 높여 월 소득을 800만 원까지 올린다.

TRUST 신뢰

행동의 주체인 자신을 믿고 실천하여 목표를 달성할 것을 신뢰하며, 코칭을 마무리하는 단계이다.

활용할 수 있는 신뢰 관련 질문은 다음과 같다.

○ 오늘의 코칭 내용을 간결하게 정리하면?

○ 코칭을 통해 새롭게 배우거나 느낀 것은 무엇인가?

○ 코칭 목표를 달성한 자신에게 스스로 무엇이라고 인정하겠는가?

신뢰 관련 사례

○ **셀프 질문**: 오늘의 코칭 내용을 간결하게 정리하면?

○ **답변**: 2022년 말까지 12억 원의 투자금을 만들어 월 5백만 원 임대소득을 얻을 수 있는 건물주가 된다. 현재 100점 만점에 30점 정도의 수준에 있다. 100점의 목표를 달성하기 위해 소액 땅 등기를 10개까지 취득한다. 부동산 관련 지식을 지속적으로 확보하여 더 전문가가 된다.

가족과 목표를 공유한다. 월 소득을 800만 원까지 올린다. 지출을 줄여 400만 원 이상 저축을 한다. 자신의 탁월성을 믿고 핵심실천 사항을 실행하여 목표를 달성한다.

○ **추가 질문**: 코칭을 통해 새롭게 배우거나 느낀 점은?

○ **답변**: 탁월성을 지닌 나 자신을 믿게 되어 마음 든든하다.

○ **추가 질문**: 스스로 인정한다면 어떻게 인정하겠는가?

○ **답변**: 내가 대견하고 자랑스럽다.

이미연 너는 풍요롭고 행복한 사람이야.

GRO-ACT의 효과

상상력의 힘은 막강하다. 우리가 믿는 대로 이루어진다. GRO-ACT 코칭의 단계별 내용을 구체적으로 충실히 작성한 후 매일 매일 꾸준히 실행하면 모두 이루어진다. "나는 안 돼. 나는 못 났어."라는 부정적인 관점을 과감히 던져 버리고 "나는 할 수 있어. 나는 무한한 잠재력을 가지고 있어. 모든 것을 이룰 수 있어."라는 코칭 관점으로 실천하면 원하는 모든 것을 이룰 수 있는 기적을 만들 수 있다. 우리 모두 코칭을 활용하여 자신의 탁월성을 만나 이전과는 다른 새로운 자신이 탁월한 성과를 내는 행복한 삶을 살기를 바란다.

인생을 성공으로 이끄는 역발상 재테크의 기술

관점전환 인생행복

재테크 코칭
GRO-ACT

이미연 지음

당신은?

당신은 누구십니까?

자신에 대한 생각의 관점은 매우 중요하다.

인생 1막을 마치고 집에서 쉬고 있을 때 가장으로서 부담감이
무척 컸다.

물론 넉넉한 퇴직금을 아내에게 주었지만,
돈을 벌어야 한다는 의무감은 내 어깨를 짓눌렀다.

이것을 극복한 것은 나를 가장으로 정의하지 않고
인생 2막을 준비하는 학생으로 정의하면서 해결이 되었다.

학생으로서 열심히 배우고 익혀 현재 풍요와 행복을 만드는
코치로 보람되게 활동하고 있다.

당신은 누구십니까?

코칭이란?

"코칭은 성과를 극대화하기 위해 묶여 있는
개인의 잠재능력을 풀어주는 것이다."

― 티모시 골웨이 ―

"현재의 상태에서 원하는 상태로 편하게
안내하는 것이다."

― 김인수(해결중심의 코칭 저자) ―

모든 사람에게 무한한 잠재능력이 있다고 믿는 것이
코칭 철학이다.

이런 철학에 기반해 『이너 게임』의 저자 티모시 골웨이는
"코칭은 성과를 극대화하기 위하여 묶여 있는
개인의 잠재능력을 풀어주는 것이다."라고 정의하였다.

『해결 중심의 코칭』의 저자 김인수는
"현재의 상태에서 원하는 상태로 편하게 안내하는 것이다."라고
정의하였다.

코칭이란?

"개인의 잠재능력을
스스로 찾아 깨우고 발휘하여
원하는 바를 이루는 과정"

본서에서는 코칭을 '개인의 잠재능력을
스스로 찾아 깨우고 발휘하여 원하는 바를 이루는 과정'으로
정의하고자 한다.

질문

5년 전과 비교하여 현재 경제적 상황이
얼마나 좋아졌습니까?

5년 뒤 좋아지기 위해서는 무엇을 해야 하나요?

생각을 여는 질문을 해보자.

"5년 전과 비교하여 현재 경제적 상황이 얼마나 좋아졌는가?"

"5년 뒤 좋아지기 위해서는 무엇을 해야 하는가?"

속으로 답해 보자.

만족도

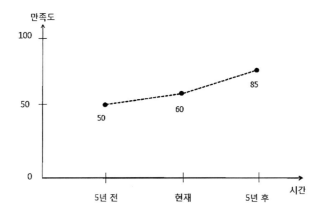

Simple is best. 단순한 것이 좋다.

5년 전의 경제적 만족도를 100점 만점에 몇 점인지 표시해 보자.

현재와 5년 후의 만족도도 확인해 보자.

점수를 표시한 다음 선으로 연결하여 추이를 살펴보자.

희망자금

인생 100세 시대다.

행복한 노후를 위해 필요한 자금을 적어보자.

얼마가 있으면 만족스러운 경제적 삶을 살아갈 수 있을까?

별똥별

별똥별을 보고 소망하는 강렬한 꿈은 이루어진다고 한다.

당신의 강렬한 꿈은 무엇인가?

꿈의 실현

꿈은 이루어진다.
하지만, 꿈은 상상만으로 이룰 수 없다.

꿈을 수치가 포함된 목표로 적고,
탁월한 실행 방법을 찾아 그것을 실행해야 이룰 수 있다.

목표

목표는?

목표 달성을 얼마나 원하나?

앞에서 당신이 적은 노후를 위해 필요한 희망자금을
마련할 수 있는 목표를 적어보자.

목표 달성을 얼마나 간절히 원하는지도 적어보자.

현실 파악

재테크	내 용	배운 점
성공 사례		
실패 사례		

그동안 목표 달성을 위해 어떤 노력을 했는지?

잘된 점과 실패한 점을 적고, 실행과정에서
얻은 교훈을 적어보자.

행동이 행복을 만든다

목표를 달성하기 위한 다양한 대안을 탐색해보자.

가능하면 브레인스토밍 등 열린 사고로 많은 대안을 탐색하고,
그중 탁월한 대안을 찾아 실행해보자.

'또 다른 대안이 무엇인가?'라는 질문을 많이 활용해 보자.

관점 전환 재테크

관점을 전환한 후 목표를 달성할 수 있는
구체적인 방법을 찾아보자.

관점을 전환한 후 목표를 달성할 수 있는 구체적인 방법을
찾아보자.

무엇이 보이나요?

수학자	'덧셈'
산부인과 의사	'배꼽'
목사	'십자가'
교통경찰	'사거리'
간호사	'적십자'
약사	'녹십자'

무엇이 보이나?

하나만 보지 말고 여러 가지를 보자.

다양한 관점을 가지면 좋다.

외향 – 내향

외 향	매력적인 열성적인 사교적인	제 자랑뿐인 침범/방해/참견 소란스러운
내 향	깊이있는 신중한 차분한	쌀쌀맞은 지나치게 속으로 삭이는 소극적인

다른 사람을 처음 만나 이해하지 못하는 관점에서 보면
쌀쌀맞아 보이고, 지나치게 속으로 삭이는 사람으로 보인다.

그렇지만 서로 친해진 다음 이해를 하게 되면
깊이 있고, 신중하고, 차분한 사람으로 보이게 된다.

사고 - 감정

사고	명료한 객관적인 간결한	까칠한 지나치게 따지는 인정사정 없는
감정	인정해주는 배려해주는 따뜻한	우유부단한 과민하게 반응하는 모호한/막연한

감정형이 사고형을 보고 이해를 못 하면,
우유부단하고 모호한 사람으로 인식된다.

하지만 이해를 하는 관점으로 보면,
배려심 많고 따뜻한 사람으로 보이게 된다.

코칭은 행복감을 높이는 것

없는 것을 느끼면
불 행

불평, 원망

상대방: 수치감, 미움

있는 것을 느끼면
행 복

감사, 기여

상대방: 인정, 칭찬

코칭의 관점은,
없는 것, 부족한 것을 보는 것이 아니라
있는 것을 느끼고 감사하는 관점으로
나와 상대방을 대하는 것이다.

이런 관점으로 생활하면 활력이 넘치고
행복감이 밀려오게 된다.

몇 평이 보이나요?

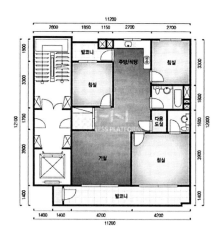

분양면적
33평

전용면적
25평

땅
13.2평

분양면적 33평.

전용 면적 25평이 보인다.

땅 면적 13.2평이 보이면 더 좋다.

아파트는 보통 용적률이 250%이기에

땅은 13.2평이 된다.

몇 평이 보이나요?

분양면적
33평

중심상업지 용적율
400~1,500%

땅
2.2~8.3평

분양면적 33평 상가를 보자.

중심 상업지 용적률은 400~1,500%이기에

땅 면적은 2.2~8.3평 사이가 된다.

소양강 댐

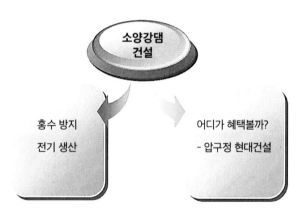

소양강댐이 건설되기 전 한강변은 상시 범람 지역이었다.

강남이 개발되면서 한강 범람을 막고,
늘어나는 전기 수요를 충당하기 위해
1973년에 다목적댐인 소양강댐을 건설하였다.

소양강댐이 완성되자,
일반 시민은 홍수방지가 되고
전기가 생산된다는 사실만을 기뻐했는데,

댐을 건설한 현대건설 정주영 회장은
이 댐 건설로 가장 혜택을 보는 곳이 어딘가를 살폈다.
그래서 찾아낸 곳이 '압구정'이다.

압구정

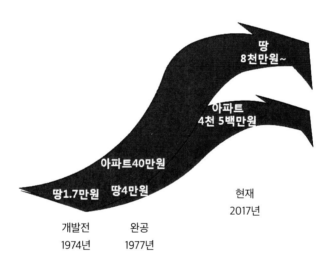

땅
8천만원~

아파트
4천 5백만원

아파트40만원

땅1.7만원   땅4만원

현재
2017년

개발전   완공
1974년   1977년

소양강댐을 완공한 이듬해,
현대건설은 압구정 땅을 평당 1만 7천 원에 구입한 뒤
아파트를 지어 분양한다.

평당 분양가는 40~45만 원,
그 당시 땅값은 평당 4만 원이었다.

현재는 어떨까?
아파트는 평당 4천 5백만 원이 넘고
땅은 평당 8천만 원이 넘는다.

아파트는 100배, 땅은 2,000배 올랐다.

일반적 재테크

보통 서민들은 주로
주식과 아파트와 상가에 투자하고 저축을 한다.

그 결과를 살펴보자.

혁신하지 않으면 역사는 반복된다

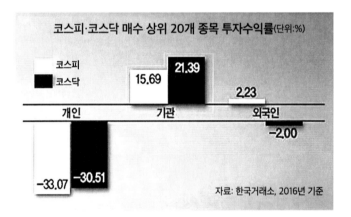

코스피·코스닥 매수 상위 20개 종목 투자수익률(단위:%)

코스피
코스닥

	개인	기관	외국인
코스피	-33.07	15.69	2.23
코스닥	-30.51	21.39	-2.00

자료: 한국거래소, 2016년 기준

2016년도 주식 시장은 연초대비 연말에 주가가 올랐다.

그렇지만 재미를 본 곳은 기관과 외국인이고,
개미들은 무려 30%의 손실을 본 주식에
투자를 많이 하였다.

증시는 개미 지옥

10년 전 각 100억 원씩 투자한 경우 잔액과 수익률

※ 2016년 말 기준

개인 선호 30 25억 3400만원	기관 선호 30 109억 1900만원	외국인 선호 30 178억 5200만원
−74.66%	**9.19%**	**78.52%**

〈출처: 조선일보〉

지난 10년간을 살펴봐도

개인이 선호한 주식들은
무려 74%의 손실을 봤지만

기관과 외국인이 선호한
주식들은 이익을 냈다.

은행금리

금융회사	상품명	적립방식	세전 이자율	세후 이자율	세후 이자
우리은행	우리스마트폰 적금	정액적립식	2.20%	1.86%	36.293
광주은행	스마트톡톡 적금	정액적립식	2.00%	1.69%	32.994
전북은행	JB다이렉트 적금	자유적립식	1.90%	1.61%	
수협은행	더블러스정액 적금	정액적립식	1.90%	1.61%	31.344
우리은행	올포미 적금	정액적립식	1.90%	1.61%	31.344
KEB 하나은행	통합 하나 멤버스 주거래 우대 적금	자유적립식	1.90%	1.61%	
한국 스탠다드 차타드 은행	퍼스트 가계 적금	정액적립식	1.90%	1.61%	31.344
KEB 하나은행	행복Together 적금	정액적립식	1.90%	1.61%	31.344
농협은행	E-금리우대 적금	자유적립식	1.87%	1.58%	
국민은행	KB내맘대로 적금	정액적립식	1.80%	1.52%	29.695
수협은행	SH월복리자유 적금	자유적립식	1.80%	1.52%	
경남은행	스마트 자유적금	자유적립식	1.80%	1.52%	

은행 이자율도 1%대가 많다.
큰 맘 먹고 2%라고 가정하고,
1억 원을 투자하여 2억 원을 만들려면
무려 36년을 기다려야 한다.

이런 곳에 우리들이 투자를 하고 있는 것이다.

강남부자들

"펀드나 예금으로는 부자가 될 수 없습니다.
저는 신한은행에서 25년을 일하면서 부자가 된 사람들을 몇 명
봤습니다. 부동산으로 돈을 옮긴 사람들은 부자가 되는 반면,
은행에 꼬박꼬박 적금을 들었던 사람들은 그렇지 못했습니다.
강남 부자들은 지금도 부동산을 사고 있습니다."

『강남 부자들』을 저술한 고준석 박사는
펀드나 예금에 투자한 사람은 부자가 되지 못 했고,
부동산에 투자한 사람은 부자가 되었다며
부동산 투자를 권하고 있다.

관점전환 투자

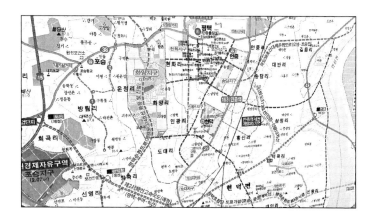

부자가 되기 위해서는
관점을 전환해야 한다.

눈에 보이는 아파트, 상가가 아닌
지구상에서 유일무이한
신의 작품인 땅을 볼 줄 알아야 한다.

땅값 상승율

전국 땅값 51년간 4,000배 상승

– 경향신문 2017. 3. 15

1964년부터 2015년까지
51년간 쌀값은 45배 올랐다.

이 시기에 땅값은 몇 배 올랐을까?
무려 4,000배 올랐다.

땅 팔아서 자녀들 대학 공부를 시킨 분들 중
많은 분들이 땅을 치고 후회하고 있다.

이사

응답하라
1988

2016년 1월까지 방영한 인기 드라마 <응답하라 1988>의 마지막 엔딩은 주인공 가족이 판교로 이사 가는 장면이다.

이때 이웃들은 "뭐하러 그 촌구석으로 이사 가느냐?"고 하며 진심 어린 걱정을 해준다.
판교로 이사 간 것이 잘한 것일까? 아닐까?

잘한 것이다. 현재 판교 아파트의 평균가격은 평당 2천만 원이 넘지만, 쌍문동 아파트 평균가격은 천만 원이 조금 넘는다.

판교가 2배나 비싸다. 하지만 주인공 가족은 돈이 없어 판교로 이사 갔다.

결국, 알고 간 것이 아니다. 이런 행운은 극소수에만 해당한다. 이젠 행운이 아닌 실력으로 부자가 되는 세상이다.

투자방정식 – 숲

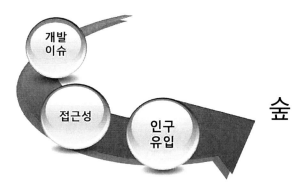

개발
이슈

접근성

인구
유입

숲

투자의 시대다.
투자보다 투자를 하지 않는 것이
더 위험한 세상이 되었다.

하지만 알고 투자를 해야 한다.
그럼 무엇을 알아야 할까?

어려운 수학도 공식을 알면 쉽듯이 투자도 공식을 활용하면
쉽게 부자가 될 수 있다.

먼저 투자의 숲과 나무를 살펴야 한다.
본서에서는 숲의 방정식을 살펴보겠다.

숲의 방정식으로는 다음 세 가지를 알고 활용하면 된다.
첫 번째 개발이슈, 두 번째 접근성, 세 번째 인구유입력이다.

개발 이슈 – 강남개발

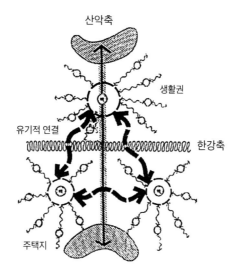

개발 이슈의 상징인 신도시 개발의 롤모델은 강남개발이다.

1960~70년대 대한민국 산업화로 농촌의 많은 사람들이
먹거리를 찾아 도시로 모여들었다.

이런 이농 현상으로 서울 인구도 급격히 늘면서
강북이 포화 상태가 되자 신도시 개발 필요성이 대두되고,
강남개발이 시작되었다.

개발축 이동

강남 → 분당 → 수지 → 동탄… 이제는 평택

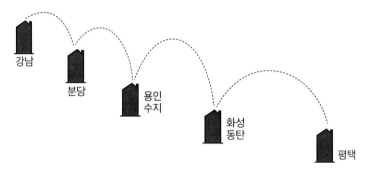

강남

분당

용인
수지

화성
동탄

평택

〈출처 _ 중앙일보 2016년 7월 27일〉

88 서울올림픽 성공으로 대한민국이 본격적인 도약을
하면서 1기 신도시 계획이 발표되었다.

1기 신도시 중 남부의 분당, 북부의 일산이
성공적으로 개발되었고, 분당이 확장되면서
용인 수지가 개발되었다.

용인 다음으로는 2기 신도시 화성 동탄이 성공적으로
개발되었으며 수도권의 마지막 신도시,
평택이 현재 개발되고 있다.

개발지 확장

강남 → 분당 → 수지 → 동탄… 이제는 평택

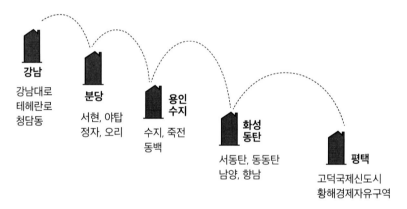

강남
강남대로
테헤란로
청담동

분당
서현, 야탑
정자, 오리

**용인
수지**
수지, 죽전
동백

**화성
동탄**
서동탄, 동동탄
남양, 향남

평택
고덕국제신도시
황해경제자유구역

〈출처 _ 중앙일보 2016년 7월 27일〉

도시도 성장 및 확장한다.

강남도 처음에는 강남대로 중심으로 개발되었고,
그 다음이 테헤란로,
그 다음은 강남의 변방, 청담동이 개발되었다.

분당도 처음에는 서현, 야탑을 중심으로 발전되다가
분당의 변방 정자동이 개발되었다.

용인도 수지가 개발된 후 동백 지구가 개발되면서 확장되었다.

화성도 서동탄이 먼저 개발되고 나서 동동탄이 개발되고 있다.

평택도 고덕국제신도시, 황해경제자유구역이 동시 다발적으로
한창 개발 중이다. 제2의 청담동, 제2의 정자동을 찾아보자.

개발지 생애주기

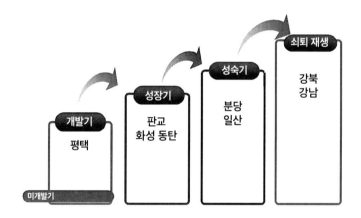

미개발기

개발기
평택

성장기
판교
화성 동탄

성숙기
분당
일산

쇠퇴 재생
강북
강남

땅도 사람처럼 생애주기가 있다.

미개발기에서 개발기, 성장기를 거쳐 성숙기를 지나
쇠퇴 및 재생의 단계를 거친다.

현재 한창 성장기인 곳은 판교, 화성이며
개발기인 곳은 평택이다.

개발 3승 법칙

- 개발계획확정
- 개발착공
- 개발완공

개발완공
1,000~?,000만 원

개발착공
100~300만 원

개발계획확정
20~100만 원

신도시 개발 시 가격이 크게 오르는 '개발 3승의 법칙'이 있다.

1단계 상승기가 개발 계획 확정 시기다.
정보력이 있는 투자가들이 투자를 한다.

2단계는 개발 착공 시기다.
개발 진척이 보이기에 일반 투자가들이 투자한다.

3단계는 개발 완공 시기인데,
이때는 실수요자들이 많이 투자한다.

접근성

지리학자 허드(R. M. Hurd) 지가이론

"지가는 위치에, 위치는 편리함에,
편리함은 접근성에 의존한다."

숲의 방정식 두 번째 공식은 접근성 활용이다.

지리학자 허드(R. M. Hurd)는,
"지가는 위치에, 위치는 편리함에, 편리함은 접근성에 의존한다."
고 하며, 접근성의 중요성을 강조하고 있다.

접근성 - 고속도로

접근성의 대표주자는 고속도로다.
대한민국의 대동맥 경부 고속도로 IC 주변의
많은 도시가 다른 지역의 도시보다
더 개발되고 발전하였다.

경부 고속도로 출발지 신사동, 반포 IC, 서초 IC,
신갈 수원 IC 등.

IC 주변 땅값도 물론 비싸다.

접근성 – 철도

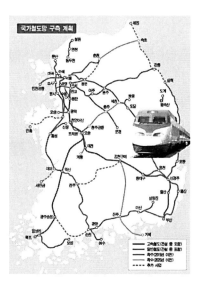

철도도 도시 발전과 지가 형성에 엄청난 역할을 한다.

서울의 변방이었던 수서가 고속철 SRT 개통으로
제2의 서울역으로 부상하고 있고,
광명, 천안아산역 주변 땅값도 엄청 올랐다.

접근성 – 지하철역

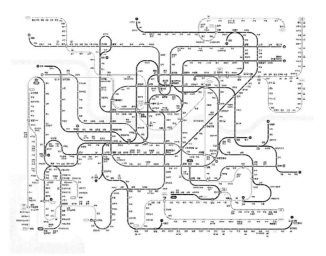

자신이 사는 동네의 지가를 알아보면
어디가 제일 비쌀까?

대부분이 지하철역 근처가 가장 비싸다.

'땅 팔자 도로 팔자'라고 한다.
접근성을 잘 살펴서 투자해야 한다.

인구유입

인구가 지속적으로
유입되는 지역

땅 앞으로 지나가는 사람의 수가 곧 땅의 가격이 된다.

세 번째 숲의 방정식 인구유입력이다.

결국, 땅 앞으로 지나가는 사람의 수가 곧 지가가 된다.

인구 증가 특히 소비 인구 증가를
정확히 예측하고 투자하면 대박이다.

인구 유입력

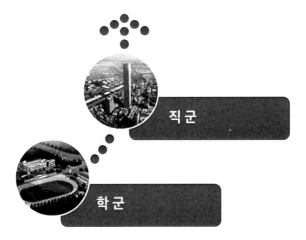

직군

학군

예전에는 학군이 좋아야 사람들이 몰렸다.
강남개발 초기에는 강남의 발전이 생각보다 더뎠다.
이를 해결하기 위해 경기고, 숙명여고 등 유명 고교를
강남으로 이전시켜 강남 발전의 단초를 마련했다.

하지만 세월이 바뀌어 이제는 학군보다 직군이다.
직업을 통한 자족 기능을 갖춘 도시만이 경쟁력이 있다.
일자리가 풍부한 곳으로 사람들이 모인다.
이런 곳에 투자해야 한다.

나는?

이런 노력을 하는 나는 누구인가?

사람들을 의식한 관점에서 벗어나
새로운 관점으로
오로지 나 자신을 직시해 보자.

이런 노력을 하는 나는 누구인가?

떠오르는 대답을 워크북에 적어보자.

비전

| 시각화 | • 이루어진 모습을 마음 속으로 그려본다.
• 오감으로 느껴보고 파급효과를 파악 후 수정
• 글과 이미지로 표현해서 붙이기 |

○ 눈을 감고 이루어진 모습을 상상한다.

○ 무엇이 보이는가? 무엇이 들리는가? 어떤 느낌이 드는가?

○ 전체적인 기분이 어떤가?

○ 눈을 뜨고, 보고, 듣고, 느낀 것들을 글로 적거나
  그림으로 그린다.

상상력의 힘은 매우 강렬하다.

목표가 달성된 모습, 즉 비전을 활용하면 목표를 쉽게
달성할 수 있다.

잠시 눈을 감고 목표가 달성된 모습, 목표가 달성된 후
그것을 즐기는 모습을 상상해 보자.

무엇이 보이는가?
무엇이 들리는가?
어떤 느낌이 드나?

주변 사람들이 어떻게 축하해주는지 상상하면서 즐겨보자.

눈을 뜨고, 보고, 듣고, 느낀 것을 워크북에
그리거나 글로 적어보자.

실행 질문

10년 뒤 좋아지기 위해서는 무엇을 해야 하나요?

시작은 언제부터?

어떻게 실행할 것인지?

장애요소는?

장애요소 제거 방법은?

완료시점은?

핵심 실행안을 선택하고 구체화하는 단계이다.
목표 달성을 위한 모든 대안을 한 번에 실행하려고 하면
작심삼일이 되기 쉽다.

가장 중요하고 시급한 핵심 실행안을 정하고 구체적이고
시간 플랜이 포함된 실행안으로 정리한 후
실천하는 것이 효과적이다.

워크북에 답해 보자.

실행 질문

10년 뒤 좋아지기 위해서는 무엇을 해야 하나요?

시작은 언제부터?

어떻게 실행할 것인지?

장애요소는?

장애요소 제거 방법은?

완료시점은?

또 다른 핵심 실행안은 무엇인가?

그 대안을 실행하기 위해 구체적으로 무엇을 하겠는가?

그 실행안을 언제부터 시작하고 언제 완성하겠는가?

활용할 수 있는 주변의 자원은?

장애요소는 무엇이며 어떻게 극복하겠는가?

실행환경 및 습관

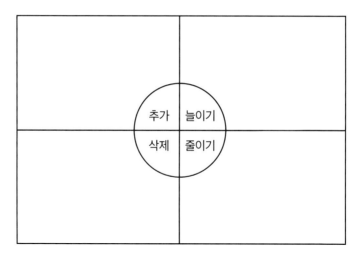

추가	늘이기
삭제	줄이기

실행하기 좋은 환경을 조성하고 습관을 활용하여
실행하면 실행률이 높아진다.

환경과 습관 중 추가해야 할 것과
늘여야 할 것을 적어보자.

환경과 습관 중 줄이거나 없애야 할 것도
적어보자.

GRO-ACT

코 칭	내 용
GOAL(목표)	
REALITY(현실)	
OPTION(대안)	
AWARENESS OF VIEWPOINT (관점인식, 전환)	
CHOICE(선택)	
TRUST(신뢰)	

코칭 내용을 간략하게 정리하는 것은
실천 의지를 강화하고, 실행력을 향상시키는 데 도움이 된다.

본서에서 제시한 사례를 참고로 하여 워크북에
코칭 내용을 정리해 보자.

정리하기

배운점	

느낀점	

실천할 사항	

코칭을 통해 배우고 느낀 점과
실천할 사항을 정리해서 적어보자.

적자생존의 시대.
글로 적는 자가 성공한다.

자기인정의 문구

목표가 달성된 모습을 상상한 다음,
목표를 이루는 데 수고한 자신을 인정하는 말을 한다면
어떤 말을 하겠는가?

매력적으로 자신을 격려하고 인정해 보자.

인생을 성공으로 이끄는 역발상 재테크의 기술

관점전환 인생행복

재테크 코칭
GRO-ACT

이미연 지음

당신은

당신은 누구십니까?

목표

목표는?

⌜￣￣￣￣￣￣￣￣￣￣￣￣￣￣￣￣￣⌝
| |
| |
| |
⌞＿＿＿＿＿＿＿＿＿＿＿＿＿＿＿＿＿⌟

목표 달성을 얼마나 원하나?

⌜￣￣￣￣￣￣￣￣￣￣￣￣￣￣￣￣￣⌝
| |
| |
| |
⌞＿＿＿＿＿＿＿＿＿＿＿＿＿＿＿＿＿⌟

경제적 만족도

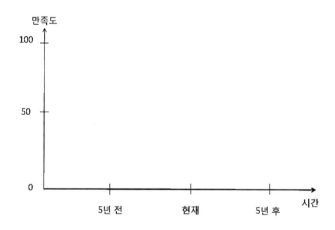

희망자금

_____ 원

현실 파악

재테크	내 용	배운 점
성공 사례		
실패 사례		

행동이 행복을 만든다

무엇이 보이나요?

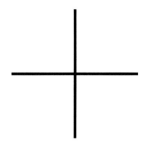

나는?

이런 노력을 하는 나는 누구인가?

비전

핵심 실행

10년 뒤 좋아지기 위해서는 무엇을 해야 하나요?

시작은 언제부터?

어떻게 실행할 것인지?

장애요소는?

장애요소 제거 방법은?

완료시점은?

핵심 실행

10년 뒤 좋아지기 위해서는 무엇을 해야 하나요?

시작은 언제부터?

어떻게 실행할 것인지?

장애요소는?

장애요소 제거 방법은?

완료시점은?

실행환경 및 습관

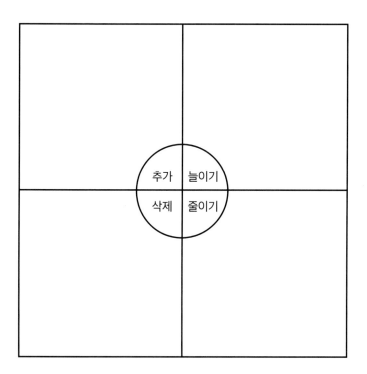

추가 | 늘이기
삭제 | 줄이기

GRO-ACT 요약

코 칭	내 용
GOAL(목표)	
REALITY(현실)	
OPTION(대안)	
AWARENESS OF VIEWPOINT (관점인식, 전환)	
CHOICE(선택)	
TRUST(신뢰)	

정리하기

항 목	내 용
배운 점	
느낀 점	
실천할 사항	

자기 인정의 문구

※ 문의 www.upcoach.co.kr